SÉVERINE HUGUET

EN CAS D'ATTAQUE

Dans un bois reculé vivait toute une armée. Elle logeait dans un château qui n'avait jamais été attaqué. Si bien que plus personne ne se souciait vraiment de le protéger.

Seule une chevalière se préparait, en cas d'attaque.
Elle montait la garde jour et nuit, surveillait l'horizon
et s'entraînait durement au combat.

Le reste de l'armée était
bien moins motivé.

Ça tournait en rond,

ça jouait aux cartes,

ça faisait la sieste
tous les après-midi,

et ça se racontait des blagues
le reste du temps.

La chevalière avait bien essayé de les entraîner mais personne ne l'écoutait et tout le monde continuait de paresser, persuadé de n'être jamais attaqué.

La chevalière ne baissait pas les bras : ne rien faire, d'accord, mais au moins que ce soit bien fait ! Ainsi commença un drôle de manège…

Chaque jour, elle entraîna ses troupes à mieux paresser, chanter, dormir et jouer !

Elle leur appris à se balancer efficacement dans un hamac,

à déplier correctement chaises longues
et parasols au soleil,

à faire de belles bulles
de chewing-gum,

à bien faire
mousser le bain,

à jouer du tambour
et de la trompette

et enfin, elle les initia au modelage
en terre cuite ! Si bien que cette
armée était de plus en plus préparée
à ne rien faire d'autre que s'amuser.

Un matin, au loin, la chevalière vit approcher tout un bataillon ennemi ! Elle lança l'alerte. Ses troupes s'affolèrent, se croyant incapables de faire face à une attaque.

La chevalière leur expliqua
avec calme qu'il suffisait de faire
comme à leur habitude.
Et chacun retourna à ses activités.

Se déroula alors la plus étrange des batailles.

Côté nord, l'avancée adverse fut stoppée par un enchevêtrement de chaises longues et de parasols.

Côté sud, les adversaires
furent capturés par
des bulles géantes.

Ils essayèrent bien de les contourner, mais ils glissèrent sur une allée savonneuse. Puis ils devinrent presque sourds en croisant la fanfare, avant de se trouver nez à nez avec un régiment… de durs à cuire.

En fuyant par le bois, l'armée ennemie se heurta à un bataillon en pleine action.

Les attaquants repartirent
dépités sans avoir pu
livrer bataille. On porta
la chevalière en triomphe.

Et pour mieux fêter la victoire,
elle proposa un nouvel exercice :

À Clarisse et Quentin.

Cet album est une création originale
des éditions Talents Hauts

Titre original : *En cas d'attaque*

ISBN : 978-2-36266-356-7

Pour cette édition poche :

ISBN : 978-2-38016-048-2
Dépôt légal : mai 2023

Achevé d'imprimer en avril 2023 en Turquie